Salmos

DA RIQUEZA INTERIOR

SALMOS DA RIQUEZA INTERIOR

1ª edição: Abril 2025

Autor:
Raja Marausha

Preparação:
Debora Capella

Revisão:
3GB Consulting
Iracy Borges

Projeto gráfico e capa:
Jéssica Wendy

Impressão:
Plena Print

DADOS INTERNACIONAIS DE CATALOGAÇÃO NA PUBLICAÇÃO (CIP)

Marausha, Raja
Salmos da riqueza interior : você tem um valor incalculável /
Raja Marausha. — Porto Alegre : Citadel, 2025.
112 p.

ISBN: 978-65-5047-610-6

Desenvolvimento pessoal 2. Autoajuda 3. Espiritualidade
I. Título

25-1043 CDD 158.1

Angélica Ilacqua - Bibliotecária - CRB-8/7057

Produção editorial e distribuição:

CITADEL
Grupo Editorial

contato@citadel.com.br
www.citadel.com.br

UMA PROPOSTA **IMEDIATA DE FELICIDADE**

Salmos

DA RIQUEZA INTERIOR

VOCÊ TEM UM VALOR INCALCULÁVEL

RAJA MARAUSHA

O CRIADOR DA FILOSOFIA DA ESPERANÇA

CITADEL
Grupo Editorial
2025

Sumário

Este livrinho é individual. Devido às vibrações pessoais de cada um, não se deve emprestá-lo. Se estiver muito usado pelo dono, recomenda-se comprar um novo – mas os dois continuam sendo muito pessoais, de uso exclusivo!

Todas as religiões

O texto dos Salmos da Riqueza Interior não tem nenhuma pretensão religiosa, não tem compromisso com seitas, igrejas, cultos, grupos ou movimentos filosóficos, tampouco qualquer religião. Trata-se de um texto espiritual ecumênico, de todas as filosofias e religiões, que visa principalmente despertar o leitor para o seu valor individual, livre de todas as dependências. E para a consciência de que é filho de Deus! Os Salmos visam motivar as pessoas a terem fé e confiarem em si mes-

Os Salmos visam motivar as pessoas a terem fé e confiarem em si mesmas.

mas, a conseguirem uma poderosa autoconfiança e segurança interior – a fim de enfrentarem com alegria este mundo e viverem vitoriosas, bem-sucedidas, felizes, sadias e úteis aos seus semelhantes. Porque a Riqueza Interior pertence a toda a humanidade...

“A Riqueza
Interior
pertence a toda
a humanidade.”

Leitura diária para reflexão

Por Raja Marausha

Nós somos da Religião Interior, a Filosofia da Esperança. Não temos templos nem igrejas. Nossos templos são os nossos corações.

Lidamos direto com Deus. Nossa alma é um transmissor-receptor que tem ligação direta com o Cosmos – e que sintoniza também o Grande Mestre Jesus Cristo numa galáxia superior.

Foi o próprio Jesus que lançou a Religião Interior há quase dois mil anos, quando disse:

"O Reino de Deus
está dentro de vós,
dentro de cada um."

"Não reze como beatos
nos templos e sinagogas,
para serdes vistos
por todos – mas entra
em teu aposento,
tranca a porta e reza
secretamente a Deus Pai,
que assim te atenderá."

Estamos vivendo no planeta Terra. Sejamos realistas: Deus nos colocou aqui e temos que viver o melhor possível, aqui!

Somos seres individuais. Eu sou eu, você é você. Nunca um ser humano teve repetida a sua impressão digital, desde os tempos da Idade da Pedra até nossos dias. A impressão digital que você tem nunca foi e jamais será encontrada em outros dedos!

Eu sou eu, você é você. Cada um é dono de sua vida e de seu destino neste mundo. O que uma pessoa planta, ela mesma colhe! Não é um outro que colherá por você, sejam dores e sofrimentos, sejam alegrias e felicidade. Ninguém pode se alimentar por você, almoçar ou jantar por você, muito menos pensar por você. Ninguém pode amar por você e sentir a dança do amor e da dor em seu lugar.

Sua vida só você vive. Portanto, goste mais de si mesmo. Procure ser feliz. Procure plantar sementes de amor, de riqueza, de otimismo na sua vida. E colherá sempre maravilhosos frutos.

Confie em si mesmo. Tenha autoconfiança. Você é um ser único e individual. Filho de Deus. Não dependa de ninguém para ser feliz nem para ter sucesso na vida. Viva mais a SUA vida!

*

Não há ninguém que tenha alcançado êxito sem acreditar na sua própria capacidade. Acredite em si próprio. Tenha autoconfiança e terá tudo o que desejar.

*

Você já tem dentro de si um diamante valiosíssimo que só precisa ser lapidado.

Ser lapidado por você mesmo, o dono exclusivo de seu diamante interior.

*

Acredite no sucesso total. Não imagine obstáculos na sua mente. Tudo já deu certo, mesmo! Portanto, muita fé e muita ação.

*

Teremos muito mais se agradecermos a todo momento o que já temos.

Temos que agradecer sempre a tudo o que temos, em vez de reclamar das coisas que não temos.

Somos felizes, não pelo que nos falta, mas por tudo de bom que já temos.

Pense.

Você tem muita coisa boa para agradecer!

Porque somos felizes pelas coisas que amamos, pelas coisas de que gostamos...

*

Não fique preso, apegado, amarrado a coisa nenhuma deste mundo material. Muito menos às coisas tristes...

Seja você mesmo, autêntico, livre de tudo!

Não fique amarrado às preocupações, que nada resolvem. Somente com a mente calma você pode pensar direito... e encontrar uma saída para o problema, uma solução, uma esperança.

*

Qualquer ideia, objetivo ou propósito que é fixado na mente e conservado com persistência nela, com um desejo de que se realize materialmente, põe em movimento forças incríveis e infalíveis.

Tudo que uma pessoa é capaz de planejar – acreditando – ela é capaz de realizar. Se o que você planeja ou deseja está dentro de sua capacidade, você conseguirá realizar!

*

Seu Deus Interior, sua alma ou seu subconsciente, está ligado diretamente com Deus Pai que está no céu – está em sintonia direta com o Cosmos, a Inteligência Infinita ou a Grande Vida Universal.

Ninguém pode cortar essa ligação sua com Deus Pai.

Pode acontecer apenas de o "canal" estar sujo ou entupido, por causa de seus pensamentos negativos do passado e por tudo que já fez de errado!

Mas... o passado (felizmente) já passou.

Agora você está conhecendo a Filosofia da Esperança, medita diariamente lendo os Salmos da Riqueza Interior, está conhecendo a Grande Verdade e a chave de ouro da saúde, da alegria, do sucesso e da paz de espírito.

Você sabe que é filho de Deus e que tem todo o Poder de Deus dentro de si...

*

Meu Deus, por que não pensei isso antes? Ainda bem que tenho agora a sorte de conhecer a Grande Verdade. Somos deuses e não sabemos! Agora eu sei, sou poderoso como o Universo, meu pensamento é criador, minha vontade é divina, eu sou feliz, de hoje em diante vou melhorar a cada dia, em todos os sentidos. Todos notarão a grande diferença, porque agora eu sei que sou de Deus filho!

Aleluia. Aleluia. Esqueço todo o passado, aprendi a não errar mais, o passado já passou e não volta jamais. Graças a Deus, que maravilha, a minha vida dá uma guinada de 180 graus, sou agora feliz para sempre, e todos os meus amigos, todas as pessoas, toda a minha família serão beneficiados com essa minha transformação.

*

A maior riqueza que qualquer pessoa pode ter é a PAZ DE ESPÍRITO. E a paz de espírito, essa Riqueza Interior maravilhosa, só pode existir na mente de quem tem autoconfiança!

Somente aqueles que confiam em si, que são amigos e gostam de si mesmos, que estão de consciência limpa e acreditam que têm Deus em seu íntimo conseguem ser verdadeiramente RICOS, tanto material quanto espiritualmente ricos.

*

Confie em si, nunca é demais repetir.
Confie em si mesmo.

Acredite em você mesmo, acredite que Deus está dentro de você, tenha autoconfiança.

*

Tudo é puro e bom para os que são bons e puros. Mas para os que são impuros e incrédulos, nada é bom e nada é puro. Sua própria inteligência e consciência estão contaminadas.

*

Se no presente acontecem coisas ruins na sua vida, é porque se materializam agora imagens, pensamentos, raivas e atitudes mentais negativas do passado.

A arte de melhorar de vida é esquecer o passado e limpar a mente, cultivando apenas bons pensamentos. No começo isso não é muito fácil, mas não desista; da mesma maneira que você se habitou a ser negativo, com o tempo se acostumará a ser positivo em tudo, a começar pelo pensamento.

Persistindo com novas atitudes positivas, você passará a ser mais tolerante com as pessoas e com as coisas que acontecem, em vez de reclamar e achar tudo ruim. E não terá mais raivas tolas nem pensamentos destrutivos.

Uma mente positiva (e feliz) só irradia tolerância e amor, confiança, paz e segurança, saúde, cultura, bondade, amizade, ajuda, serenidade, riqueza e abundância.

Deseje sempre a fartura, o conforto e a paz de espírito, que um dia terá, mais cedo ou mais tarde. Saiba que a pobreza e a infelicidade são doenças da mente.

Elogie sempre, em vez de culpar. Agradeça sempre, em vez de reclamar. Você crescerá em espírito e magnetismo pessoal. Você será querido ou querida de todos, uma pessoa maravilhosa.

Como é bom ser querido, respeitado e admirado – não importa a nossa condição social.

*

Não abuse dos instintos. Seja racional, não animal.

Não coma demais, nem por simples gula. Não beba demais, nem seja um viciado. É mil vezes melhor estar lúcido e sadio. Não cometa a burrice de derramar veneno pela garganta abaixo.

Não abuse do sexo, não transforme essa coisa elevada de amor numa luxúria animalesca. Não seja escravo nem dependente de instinto nenhum. Tenha a mente livre, sem vícios de imaginação...

Todo abuso do instinto conduz à depravação do espírito e à queda do homem (por isso a pornografia é tão tremendamente prejudicial ao caráter, principalmente na idade de formação).

*

Conhece-te a ti mesmo. Saiba que você é um ser espiritual... e melhore, melhore bastante.

Basicamente, você não é um ser material. O corpo físico é deste mundo, mas você é um espírito eterno!

É seu dever cuidar bem desse corpo material, máquina divina e maravilhosa.

Tenha os prazeres físicos que Deus lhe concedeu, use... mas não abuse. Controle seus desejos, não deixe que seus desejos o controlem.

*

Só se cura uma doença quando se esquece dela! Não fique a lamentar (nem a cultivar) nenhuma desarmonia de seu corpo. Toda doença, no fundo, tem origem psíquica ou nervosa, por isso se diz que são psicossomáticas. Toda doença é resultado de uma desarmonia no organismo, de origem mental. Até o câncer!

Tudo de negativo que ficamos a repetir nos "amarra" e não passa, nem cura, nem acaba nunca.

Mude seus pensamentos e mudará sua vida.

*

Não importa como esteja sua vida no presente. Dinheiro, saúde, alegria – ou falta de uma ou outra coisa. Passe a olhar para o futuro. Daqui a pouco o momento presente já será passado, e o seu pensamento presente será futuro. O passado jamais volta. Pense, portanto, no futuro. Faça planos, imagine, crie situações deliciosas na sua mente (dá menos trabalho do que pensar coisa ruim).

O único dono de seus pensamentos é você mesmo. Você é o comandante de seu destino e pode modificar sua vida para muito melhor, pela simples vontade de mudar.

Acredite. Você é um ser espiritual e poderoso. Acredite, não importa sua situação atual ou o berço pobre ou rico onde nasceu. Nada importa se você decidir ser feliz!

Decida ser cada vez mais próspero, cada vez mais sadio, cada vez mais livre de todos os vícios e problemas.

Decida ter paz de espírito, a deliciosa Riqueza Interior.

*

Qualquer pessoa é capaz de fazer tudo o que acredita que pode fazer!

*

Quando tiver um problema muito grande, aquiete sua mente.

Relaxe. Deite-se ou sente-se numa cadeira confortável. Dê oportunidade ao seu subconsciente – seu Deus Interior – de se manifestar. Desligue o raciocínio ou consciente. Pare de se debater em pensamentos para encontrar uma solução.

Relaxe. Entre no silêncio do seu Eu interior. Isso significa "entregar para Deus um problema". Acontece que Deus está dentro de você mesmo, não se preocupe, seu Deus Interior tem a resposta, tem a solução, desde que você não se aflija tanto – e tenha fé, confie nele, seu subconsciente, seu Deus Interior, que é infalível.

Quando desejar uma inspiração maior, volte sua mente (ainda relaxado) para o Grande Mestre Jesus Cristo. Pense em Cristo, sintonize sua alma e Eu interior com o Espírito Santo de Jesus, que o ilumina.

Depois, com toda a confiança, levante-se resoluto. Recomece seus afazeres normais, acreditando que o problema já foi resolvido! Porque na Mente Cósmica ele realmente já foi resolvido. E como você é ligado e está em sintonia com essa Mente

Cósmica, acabará resolvendo o problema da melhor maneira, de uma forma às vezes inesperada.

Sua felicidade depende do que você pensa de si mesmo.

Tudo se torna diferente quando descobrimos que temos capacidade para sermos FELIZES.

Dê início hoje mesmo à grande transformação, comece a fazer o que gosta de fazer, seja autêntico. E, se está agora relendo estas reflexões, siga firme, continue vivendo como verdadeiramente você deseja.

*

Coloque-se em harmonia com Deus e o Cosmos, limpe sua mente e seu corpo. Ao assumir o seu Deus Interior – o Reino de Deus em primeiro lugar –, tudo o mais lhe virá de acréscimo: fortuna, saúde, alegria e felicidade.

*

Ganhar dinheiro, ou ganhar muito dinheiro, se você quiser, faz parte da vida aqui na Terra. Use o dinheiro para o apoio físico – mas tenha um poder somente espiritual e interior. Assim, o dinheiro será um escravo seu, e não você um escravo da matéria.

Comande a sua vida do alto, com dignidade e serenidade.

*

A Filosofia da Esperança exorta todos a terem prosperidade e sucesso nesta vida. Isso é muito bom e agrada a Deus! Mas não é esse o caminho essencial para a paz de espírito (a Riqueza Interior). Muitas vezes é até o caminho errado; muitas pessoas ficam milionárias de dinheiro... e de preocupações. Ganham muitas posses, mas perdem a tranquilidade e a alegria de viver.

Portanto, preste atenção no comentário a seguir.

Para uma pessoa ser feliz, não importa estar num castelo ou numa cabana, numa mansão ou num barracão. A felicidade não depende da situação em que a pessoa esteja, não depende de circunstância nenhuma. Um rei pode estar amargurado e chorando no seu palácio, enquanto o camponês está cantando de alegria na sua casinha de madeira.

Um milionário (de dinheiro) pode estar sufocado por preocupações ansiosas de negócios na sua imensa casa luxuosa, enquanto o pobre operário contempla risonho e tranquilo o panorama da cidade visto do alto do morro. O contrário também pode acontecer...

Custa a compreender, custa a aceitar, mas o ser humano tem que saber que o paraíso (ou o inferno) está apenas na sua mente, nos seus pensamentos e sentimentos.

A verdade é uma só: Deus está em nossos corações.

Temos o direito à felicidade.

*

Como disse Gandhi: "A fé nada mais é do que a consciência viva da presença de Deus no próprio íntimo! Todo aquele imbuído dessa fé consegue tudo o que deseja".

*

Humildade. Às vezes, você ficará tão cheio de autoconfiança e ânimo – com a leitura constante deste livrinho de ouro – que correrá os perigos da soberba, do orgulho e do egoísmo. Cuidado! Quando perceber-se entusiasmado demais, puxe a rédea solta da autoconfiança e medite um pouco, a sós, entre no "silêncio de Deus" e pense com profundo amor:

"Volto-me totalmente para o Grande Mestre Jesus Cristo, que viveu entre nós e nos ensinou o poder da humildade. (Pense.) Sou forte de espírito, mas sou simples. Sou poderoso mas humilde de coração. Sou simples, amo e ajudo todos. Sou um discípulo de Cristo. Assim seja."

Repita muitas vezes essa oração.

*

Esperança. Não há liberdade maior nem mais abençoada do que a liberdade da esperança!

A esperança é fundamental para o sucesso. Em qualquer atividade, vence sempre aquele que é guiado pela luz da esperança. Vence aquele que acredita que pode vencer, aquele que ainda carrega consigo a tocha da esperança num futuro brilhante, não obstante as crises pessoais e os apertos da nação.

Quem tem esperança é um milionário de espírito. Será sempre iluminado por Deus, terá sempre boas ideias e traçará ótimos planos de ação.

Os homens e as mulheres de sucesso, as pessoas que conseguem realizar grandes obras neste mundo, vivem intensa e diariamente com esperança e otimismo, não importam as circunstâncias e os obstáculos. Avançam corajosamente e conservam sempre em mente os seus objetivos.

A luz da esperança lhes dá um desejo forte e ardente de realizar os planos que fizeram. E trabalham muito, trabalham mesmo, nunca deixam a chama apagar.

Quem age dessa forma, acreditando na sua própria força interior, acabará atingindo o êxito na vida, não importa como tenha começado!

Adote, portanto, a Filosofia da Esperança de Raja Marausha.

Você já é um vitorioso, parabéns.

*

A mente é tudo! O que pensamos é o que nos tornamos. A solução está sempre dentro de nós.

*

Há um poder tremendo dentro de você mesmo, que tudo sabe e tudo vê, que enxuga todas as lágrimas e soluciona todos os problemas. E a grande maioria das pessoas não sabe disso.

*

Aqueles que imaginam o fracasso em todas as circunstâncias e em tudo que fazem são pessoas sem consciência de seu próprio valor como ser humano.

Não há ninguém que tenha alcançado êxito sem acreditar na sua própria capacidade.

*

Tudo se realiza quando agimos com autoconfiança!

Acredite que dentro de você existe a capacidade infinita, esperando que você a use tanto quanto desejar.

A fórmula secreta para vencer na vida, em todos os sentidos, é entender e usar o ensinamento maravilhoso de Cristo: "O REINO DE DEUS ESTÁ DENTRO DE VÓS".

*

O "Reino de Deus está dentro de vós" – não significa que está numa igreja ou num templo, ou nas alturas do céu! Está mesmo no íntimo de cada um, pronto para se manifestar em toda a plenitude.

Vamos, pois, confiar em nossos poderes, vamos usar essa dádiva fantástica que Deus nos deu.

*

Seu valor pessoal. Você deve agradar-se!

Não deve viver com o desejo calculado de agradar outras pessoas. Tal motivação está em seu ego e conta com algum tipo de recompensa. Quando você agrada e a recompensa não vem, sua satisfação se transforma em mágoa ou rancor secreto.

Você deve agradar primeiramente a si mesmo, em vez dos outros, porque:

- **somente quando você está satisfeito consigo pode ter satisfação com os outros;**

- agradar-se ajuda a manter sua saúde perfeita;
- você se sente melhor;
- alivia você do dever de agradar (fingidamente) os outros, ou de agradar por educação;
- colocando-se em primeiro lugar, saberá agradar sinceramente os outros!

*

A preocupação é falta de autoconfiança. A arrogância e a agressividade também são causadas por insegurança – e uma pessoa insegura, por sua vez, não tem confiança em si.

O ciúme, o medo, a raiva, a inveja, a gula, o fumo, a bebida, as drogas etc. são todos sintomas da falta de confiar em si mesmo.

Quem tem autoconfiança não vive preocupado, não tem arrogância, não é agressivo (é calmo e controla todas as situações), não tem ciúmes nem desconfianças, não tem medo de nada nem de ninguém, não vive raivoso, não vive para comer, não fuma (e para que fumar?), não bebe demais (não foge da vida), não usa drogas nem tóxico nenhum, não fica deprimido, não tem ansiedades e angústias, não fica desanimado, não adoece facilmente.

*

A pessoa se torna naquilo que pensa ser. Por isso é preciso formarmos uma boa imagem de nós mesmos. Não devemos pensar nunca que não alcançaremos determinado objetivo.

Mas... não adianta querer alcançar um objetivo material, ou desejar uma cura de doença, ou aspirar a uma condição de bem-estar e harmonia se você anda vivendo em erros e mais erros. Se você não perdoa, não tem amor no coração, se reclama de tudo e de todos, se não tolera nada, se pensa apenas em si com todo egoísmo, não terá merecimento.

Vivendo errado assim, você não alcança nada de efeito duradouro, porque o canal que o liga (e todos nós) a Deus Pai está obstruído, sem comunicação.

É preciso, antes de mais nada, uma limpeza geral no seu padrão de viver e pensar. É preciso renovar todas as suas atitudes mentais.

É preciso renascer, tornar-se uma NOVA pessoa!

*

Se você não merecer, como vai querer ajuda Cósmica?

Se não ajuda os outros, como vai querer que Deus o ajude?

Se deseja realizar um objetivo, antes de rezar, antes de mais nada, faça por merecer.

Acabe com seus erros!

Se você consertar sua vida (mesmo que aos poucos), terá então merecimento e conseguirá tudo o que desejar.

Deus ajuda quem SE ajuda.

*

Busque primeiro o espírito, a evolução pessoal. Dirija sua mente para Deus, em primeiro lugar, quando desejar algum objetivo.

Aperfeiçoe seus pensamentos, seus sentimentos, e passe a agir corretamente, com dignidade, amor, perdão e tolerância. Não é preciso ser santo... é preciso ser correto!

Depois – e somente depois –, busque o objetivo material que deseja, porque todas as coisas materiais são dadas de acréscimo para quem já encontrou as coisas espirituais.

"O Reino de Deus em primeiro lugar – e todas as outras coisas lhe serão dadas" – são palavras do Grande Mestre Jesus.

*

Virando-se para Deus, sintonizando a Mente Infinita do Poder Cósmico, todos os erros e pecados do PASSADO, todo o comportamento inseguro e dependente, tudo é apagado pelo AMOR DIVINO. Acende-se a luz de Deus, e tudo se torna MARAVILHOSO.

LUZ de Deus, PAZ de Cristo...

*

Mude também seus sentimentos se quiser crescer espiritualmente e ter sucesso e paz de espírito.

Muitas vezes não basta mudar de atitude mental ou mudar o tipo de pensamento que viemos mantendo, para evoluir como pessoa. É preciso, também, mudar o tipo de sentimento, fazer uma reforma de CORAÇÃO.

Significa uma dupla renovação: de pensamento e de coração, mental e sentimental. Significa que não basta pensarmos mais positivamente, é preciso sentirmos mais amor por tudo, do fundo do coração.

É preciso termos mais sensibilidade com as outras pessoas, parentes, amigos, desconhecidos e inimigos. Uma equilibrada força de tolerância e calma – com gente, coisas e fatos.

É preciso renovar. Renascer. Amadurecer no espírito.

Com consequência inevitável, seremos muito mais felizes em todos os sentidos. Crescemos, evoluímos, rumo ao infinito.

*

Quando aprimoramos nosso estado de espírito, quando unimos nosso EU interior cada vez mais com DEUS Pai – agindo corretamente e lendo e relendo diariamente OS SALMOS DA RIQUEZA INTERIOR –, alcançamos então a compreensão mais profunda da verdade de Filhos de Deus e não precisamos mais SUPLICAR, em orações e novenas, a ajuda divina para resolver nossos problemas de saúde, negócios, harmonia no lar e no trabalho e tantos outros.

Porque, quando evoluímos espiritualmente e temos absoluta consciência de que somos espírito, e não corpo, estamos direta e automaticamente sintonizados (ligados) com a infalível e ultrapoderosa Força Cósmica de Deus Pai.

Portanto, na medida do necessário, teremos tudo, tudo mesmo! Sem nenhuma necessidade de súplicas, sacrifícios ou novenas.

Estaremos unidos a Deus, que já nos deu tudo em abundância e poder.

*

Ver TELEVISÃO exageradamente é destruir sua capacidade criativa e tornar preguiçoso o seu raciocínio. Além de massificar sua personalidade, isto é, fazer você viver no embalo da propaganda.

*

Além disso, os filmes de violência, falsa moral, de tiroteios e assassinatos, mais os programas e noticiários do "mundo cão", abatem o ânimo, deprimem, revoltam e corrompem o caráter dos infelizes telemaníacos.

Se você tem filhos em idade de formação, não permita que eles sejam envolvidos pela máquina da TV, para não serem viciados em todo tipo de negativismo.

Não permita que seus filhos vejam filmes agressivos e de violência. O audiovisual da TV penetra fundo no subconsciente de seus filhos – e eles podem ficar marcados pela neurose pelo resto da vida.

*

Os homens somente são felizes quando estão além da influência do MEDO e do DESEJO.

Para ter paz na vida, você deve ser livre, sem as correntes de qualquer temor, sem a preocupação que oprime e não resolve nada, sem a escravidão de desejar e querer o desnecessário.

Tenha a deliciosa paz interior. Deixe a vida acontecer, não fique forçando as coisas, insistindo, preso a tantos grilhões.

Liberte-se da ansiedade, veja que (no fundo) tudo que você teme é sua imaginação, tudo que apaixona acaba logo, tudo que você deseja o escraviza.

Desperte. Seja livre, seja você mesmo.

*

QUE PODER NÓS TEMOS! Se alguém consegue se ver como um ser espiritual – o que é, na verdade –, poderá agir como um ser espiritual, poderá vencer qualquer situação, usando simplesmente a sua determinação de fazê-lo.

É claro que, naquilo que chamamos de Dimensão Espiritual, não temos mãos ou outros instrumentos físicos para agir.

Precisamos então usar a maior habilidade que um ser espiritual pode ter – a VONTADE. Na Dimensão Espiritual, basta você querer que algo mude, e a mudança ocorrerá. É fantástico!

*

Modifique-se primeiro por dentro. Não agrida o seu próprio ambiente! Não infernize sua casa... Trate bem seus pais, seus irmãos, sua família. Se está brigado, procure fazer as pazes, perdoe... ou desculpe-se. A harmonia em casa é importante para o sucesso de cada um. E só haverá harmonia se houver conciliação de todos.

Você não crescerá em poder interior enquanto não se reconciliar com todos, a começar pelas pessoas de casa e da família.

Se tiver que perdoar, perdoe. Se tiver que se desculpar, peça desculpas...

Chutar o passado!

Vida nova! Não ter mais fossas, depressões, desânimos, nem ficar doente (se está, pule da cama agora mesmo! Tome um banho revigorante. Ria diante do espelho, entre em sintonia com Deus Pai e receba a força cósmica, deixe fluir para dentro de você a força que criou o Universo...).

Vida nova! Agradecer o dia inteiro, esperar sempre pelo melhor. Que vida maravilhosa!

*

Seu mau humor não melhora a vida. Deixe essa carranca de lado e sorria. Treine rir todos os dias diante do espelho. Não se acanhe, ninguém estará vendo você treinar o mais notável esporte de todos os tempos, chamado alegria de viver.

Se você for persistente no treino do riso, em breve estará sorrindo até das dificuldades. Experimente, não custa tentar.

Treine RIR diante do espelho.

Pessoa maravilhosa é alegre, risonha, bem-humorada e agradável a todos. Nunca fala em doença – só pensa, fala e age positivamente.

*

Se eu tiver FÉ... em Deus e em mim mesmo, poderei vencer todas as minhas dificuldades, enfrentar todas as situações, pairar acima de todas as derrotas e doenças, resolver todos os problemas embaraçados que tiver em minha vida.

A pessoa confiante em si, positiva, otimista e que faz o seu trabalho com a segurança de que terá êxito magnetiza a sua condição. Atrai para si as forças criadoras do Universo...

No mundo inteiro, um grande número de pessoas tem fé em São Disso, São Daquilo, amuletos, figas, rituais de todo tipo, magia etc.

No Brasil há grande devoção por São Judas Tadeu, Menino Jesus de Praga, Orixás, Oguns, 13 Almas, Iemanjás, figas, fitinhas da Bahia, abre-caminho etc.

INCRÍVEL! Essa enorme quantidade de gente não tem a mínima fé em si mesma... Ficam todos dependendo da ajuda supersticiosa.

Como funciona a oração

O auxílio de Deus, dos mestres invisíveis e dos Santos Espíritos não vem do alto, de um céu distante, para nos socorrer. Isso seria uma espécie de mágica ou truque, que definitivamente não existe.

Quando você reza e sua oração é atendida, a solução vem de dentro de você mesmo – através de você, em forma de iluminação, força ou ideias para a solução do problema. Ou em forma de fluxo divino de paz para sua aflição interior.

Entenda bem. Quando você reza, não precisa suplicar nada de fora, deve apenas pedir ajuda para iluminar você mesmo. Quem vai agir não é Deus nem um Santo ou mestre invisível, muito menos Oguns e Orixás. Quem vai resolver o problema é você mesmo, impulsionado e inspirado pela resposta divina às suas orações.

Deus, a Mente Cósmica Universal, atenderá às suas preces se você acreditar de todo coração que será atendido, se você confiar, tiver uma fé absoluta e confiança inabalável EM SI e em DEUS.

Unindo o poder da oração com sua autoconfiança, unindo a ajuda de Deus com sua própria força interior, você é capaz de resolver qualquer problema ou situação, por mais grave que seja.

É tão simples e tão sensacional! Você mesmo realiza o seu ideal. Você mesmo se cura. Você mesmo encontra a solução do problema. Você mesmo se acalma na aflição. Você mesmo se anima na depressão e conquista (você mesmo) a alegria de viver. Você mesmo esquece a tensão e a ansiedade pela fé em seu próprio interior.

Lembre-se dos tempos de Cristo. O Grande Mestre assim falou, após curar os leprosos e os cegos: "Não fui Eu que os curou, foi a própria fé de cada um".

Jesus lançou e sempre pregou a Religião Interior. O Reino de Deus que está dentro de cada um, a nossa imagem e semelhança de Deus, o nosso poder pessoal.

*

Não digo de você, caro leitor, mas a maioria dos que rogam a Deus não é honesta com Ele.

As pessoas cometem o absurdo de implorar graças celestes, muito embora estejam de relações cortadas com o vizinho do lado, tenham fechado a porta de casa aos parentes, e sejam maldosas, fofoqueiras, intolerantes com tudo, rígidas que não perdoam nada ou invejosas difamadoras de seus melhores amigos.

Temos que ser honestos com Deus se quisermos sua divina ajuda. Devemos viver sem malícia, rancor, agressividade, inveja, ciúme e cupidez, que são causas de moléstias mentais e enfermidades físicas.

Observemos o preceito bíblico que nos manda reconciliar com nosso irmão antes de rezar. Assim, além da oração atendida, eliminamos esses causadores de neuroses e psicoses.

A oração leal com Deus é uma espécie de seguro mental.

*

Quando acontecer qualquer coisa desagradável com você, pense e analise: O QUE DEVO COMPREENDER? E nunca: O QUE DEVO SENTIR?

Portanto, é de suma importância analisar o ocorrido, seja o que for, e não "sentir" o fato, nem ficar se remoendo, ou sofrendo, ou se consumindo em raiva.

Compreenda, analise, pense: que lição tenho que tirar disso?

Não sinta, não se deixe levar pela emoção. Ou você controla suas emoções, ou suas emoções o controlam...

Examine por que lhe aconteceu isso, ou acontece. Tire lições e proveitos, talvez seja uma lição a aprender, talvez o culpado tenha sido você, talvez seja melhor…

Procure compreender, e nunca sentir. Então você vencerá.

*

DOENÇAS. Toda doença começa na mente, para depois afetar o corpo. Toda doença é de origem mental, através do sistema nervoso, que reage com dor ao sentimento errado da pessoa.

Se você está sofrendo de alguma enfermidade, é bom passar em revista sua vida, examinar seus sentimentos em relação a outras pessoas.

Se tem doença, tem alguma coisa errada na sua mente. Isso é tão certo como dois mais dois são quatro.

Pense. Medite no silêncio. Faça um exame de consciência… Achou? É isso, agora vamos ao PERDÃO.

PERDOE. Perdoe mesmo e reze para essas pessoas de quem não gosta. Não se deve guardar rancor de ninguém. Isso abala nossa própria saúde.

Esqueça. Leia os SALMOS, muitas e muitas vezes. Siga rezando, siga perdoando e siga esquecendo. E agradeça a Deus pela saúde perfeita que na certa terá.

*

Dois elementos vitais para a saúde do corpo são: muito AR puro e muita ÁGUA.

No ar (oxigênio) está a "força de vida" que Deus insufla no ser humano quando ele nasce, e que deixa o corpo quando ele morre. O ar é um dos dois componentes do sangue; o outro componente são as substâncias químicas, tiradas dos alimentos.

Sem o ar e a água, é claro que não existe vida. Dois preciosos elementos que encontramos, gratuitamente e em abundância, na natureza. Mas a gente não se atenta a isso.

Pela respiração profunda de AR puro, pela manhã e sempre que pudermos, estaremos nos recompondo fisicamente e obtendo um corpo saudável. O sangue se encarregará de levar o oxigênio vital para todos os órgãos de nosso corpo, principalmente para o cérebro e para onde o corpo mais necessitar. Respire mais ar puro, aproveite, não se paga nada...

A ÁGUA é indispensável por mil motivos. Um deles é ajudar a nos livrar de detritos e toxinas (venenos), pela urina. A água "lava" o nosso corpo. E quem não quer um corpo limpo, por dentro e por fora?

Beba mais água. A água gelada é o melhor refrigerante do mundo. E não tem contraindicações, só faz bem. Beba pelo menos um litro por dia, ou cinco copos cheios... de água pura!

*

Se você é chefe de família, seja apenas chefe; um bom chefe, e não um poderoso chefão.

Quem comanda com rigor exagerado, pune e castiga, de modo arrogante e machista, está com um sério conflito mental (desculpe, mas é verdade) e precisa urgentemente "parar para pensar". E meditar. E mudar de atitude, para o próprio bem e o de toda a família.

Se você é um pai de família mandão e superexigente, está criando filhos neuróticos. Sem falar na pobre coitada da esposa, vítima indefesa de seu despotismo.

Pare. Pense. E mude para melhor. Porque a "violência gera violência e só o AMOR constrói".

*

Quando tiver raiva ou mágoa de alguém e estiver prestes a embarcar no ódio (Deus o livre), não fale nada, nem cultive esse forte sentimento negativo (que fará mais mal a você do que a outra pessoa). Use o Método de Libertação Raja Marausha: escreva tudo que quiser contra essa pessoa. Escreva xingando ao máximo, desabafe tudo o que pensa dela.

Depois, calmamente, dobre o papel onde escreveu seu terrível desabafo – e QUEIME...

Coloque fogo no papel e contemple as cinzas como "tudo acabado, tudo consumado!". Nem mais uma palavra, nem mais um pensamento sobre aquele assunto. Acabou mesmo, pelo menos para você.

Está livre, absolutamente LIVRE daquele problema, e a outra pessoa também está livre. E você é formidável.

*

Certa vez, quando a vida estava confusa e faltava decisão à minha mente, procurei pessoas para me aconselhar.

Desde então aprendi que as respostas geralmente estavam dentro de mim. Hoje, quando me sinto perplexo, sem saber o que fazer, procuro ficar sozinho. E na eloquência do silêncio espero que cheguem as respostas. E elas chegam.

Se você trabalhar com o que gosta muito de fazer, se fizer aquilo que lhe dá imenso prazer e contentamento, sua vitória na vida é certa! Terá muito ÊXITO e alegria da realização.

*

Não basta ter talento.

É preciso lutar e trabalhar muito, mas muito mesmo, desde cedinho até de noite, sem parar.

Ou os maravilhosos dons que Deus lhe deu, como um privilegiado, murcharão como as flores e secarão ao vento.

*

Trabalhe bastante para vencer na vida.

Não confie na sorte, as possibilidades da loteria são mínimas. Mas trabalhe certo! Fixe-se nos resultados. O importante é o trabalho que dê resultados. Tem muito trabalho que gasta tempo e energia... mas é inútil.

*

CORAGEM. Sua mente e seus pensamentos governam tudo na sua vida. Pense que pode e vai resolver todos os problemas (atuais e que surgirem) com sua própria força interior – ajudado pelo Cristo e por Deus Pai.

Procure estar sempre em sintonia com o Poder Superior de Deus, em todos os momentos de sua vida. "Assim, você é poderoso, tem o maior poder da face da Terra."

*

DROGAS E TÓXICOS. O primeiro passo para um jovem deixar as drogas é estar convicto de que não é corpo nem matéria, mas um ESPÍRITO PERFEITO, criado à semelhança de Deus.

Que tem vida própria, independente, LIVRE para ser feliz – desde que deseje ser livre e feliz!

Que o passado já era, já passou. Que, se ele quiser, pode ter uma VIDA NOVA, cheia de esperança e alegria, sem precisar de fugas nem muletas para ser um "cara legal".

ALCOOLISMO. A primeira condição para um bebedor inveterado se salvar definitivamente é RECONHECER que tem sérios problemas com a bebida.

A segunda condição para deixar de beber é QUERER parar de beber! Reconhecendo e querendo, basta ao bebedor exagerado e descontrolado voltar-se para Deus, fazer as pazes consigo mesmo e com DEUS PAI e confiar num Poder Superior para ajudá-lo.

A terceira condição é PARAR DE UMA VEZ, e não aos poucos. E depois de parar, evitar sempre o primeiro gole.

Se a pessoa quiser sarar dessa doença (porque o alcoolismo é uma doença) e se entregar a Deus, ela voltará a ser feliz e terá, com toda a sua família, uma vida de realizações e alegria.

*

Toda pessoa se sente revigorada e feliz quando é valorizada na sua individualidade!

FÓRMULA PARA O TRIUNFO – copiar num cartão e ler várias vezes por dia: "Tenho coragem, dinamismo e saúde. Estou em Paz com o meu Deus, e tudo está dando certo, em todos os sentidos. A cada dia, por todos os meios, meu sucesso é maior! ".

Não podemos esperar uma vida sem CRISES. Estamos sujeitos a elas, fazem parte do esquema, o mundo sempre esteve em crise.

As nações passam por crises e aprendem, assim, a crescer. As pessoas passam por crises a vida toda – é assim também que evoluem. Até a natureza tem suas crises: as tempestades, o calor excessivo, as chuvas que inundam, as secas que matam...

Não falemos em época de crise para justificar (muitas vezes) nossas falhas, nossas deficiências, ou nossa preguiça e indolência.

Trabalhemos, olhando para a frente. Tem coisa demais para ser feita. Para quem trabalha com entusiasmo nunca existe crise!

Atenção, senhores pais: O FUTURO DE SEUS FILHOS DEPENDE DE COMO ELES FOREM CRIADOS.

Não criem futuros neuróticos, com mil "grilos" na cabeça. Surras e castigos só produzem doenças mentais.

Excessivo rigor, intolerância, falta de diálogo e falta de apoio prejudicam o modo de seus filhos enxergarem o mundo. No dizer dos jovens, eles precisam de "uma força".

Ensinemos os filhos a viverem uma vida feliz. Sejamos amigos deles, com atitudes de apoio e palavras de elogio.

*

Faça planos. Sonhar acordado é uma coisa, planejar é outra muito diferente. Um planejamento de vida é muito importante. Uma meta ou um objetivo a ser atingido é a chama que mantém ativa nossa esperança.

Uma pessoa que não faz planos, não planeja nada, está praticamente morta. No máximo, vegetando, cometendo o pecado de não expressar sua divindade. Planejar é um ato inteligente. Pensar positivo e AGIR positivo...

Pensar negativo é rezar às avessas.

É dar ordens destrutivas ao nosso subconsciente.

Nós somos o que pensamos.

Ninguém jamais chegará a ser um rei se aceita que é um mendigo.

Como diz o ditado: "Quem pensa que é abobrinha nunca chegará a melão!". Ninguém jamais conseguirá nada se não imaginar conseguir.

*

Até agora você esteve usando sua mente de modo errôneo e negativo? Então chega!

De hoje em diante, seja uma pessoa positiva, otimista, pra frente!

*

Ofensas. Não ligue mais para ofensa nenhuma. Quem ofende fere a si mesmo. Ninguém pode ofendê-lo, por mais agressivo que seja, se você não aceitar a ofensa. Não aceite. São meras palavras de quem anda nas trevas, na escuridão. Fique calmo – e assim desarmará o ofensor.

Responda sempre com educação as palavras amargas que lançarem contra você. Fique tranquilo, nada pode magoar o seu EU verdadeiro! Seu espírito é intocável, as más palavras não o atingem...

*

Pense o bem para as pessoas consideradas antipáticas. Tudo neste mundo é um reflexo de nossos pensamentos. Se você pensar o melhor para uma pessoa agressiva, ela se tornará amável e delicada com você. Mesmo que seja considerada antipática e agressiva, com você ela será diferente, se pensar o BEM para ela. Isso parece difícil na prática, mas comece a treinar desde já – e ficará surpreso com os resultados.

REMÉDIOS. Muitos remédios são tóxicos e fazem mais MAL do que a doença que se quer curar. Muitos remédios têm efeito colateral, isto é, provocam males e complicações no organismo.

Cuidado, portanto, com os remédios e medicamentos. Nunca seja seu próprio médico, não receite remédios para si mesmo. Nem aceite sugestões de leigos ou palpites dos falsos entendidos.

O melhor mesmo é evitar tomar remédios, a não ser por fortes motivos ou receitas médicas. O melhor mesmo é não adoecer. Quem é alegre e feliz, puro de consciência, não adoece. Quem está harmonizado com Deus, com o canal da mente bem limpo, sintonizado com o Cosmos ou a Inteligência Infinita, não adoece.

E lembre-se sempre: só saramos de uma doença quando nos esquecemos dela. E para continuarmos sadios, nunca devemos alimentar no pensamento a possibilidade de uma doença!

Não fique remoendo negativismo na sua cabeça.

*

ELOGIOS. Se você não tem o costume de elogiar os outros, passe a fazer isso a partir de hoje e verá como sua vida vai melhorar incrivelmente.

A coisa de que as pessoas mais gostam é serem elogiadas. Às vezes um pequeno elogio dá a força de que alguém tanto precisa.

Passe a elogiar as pessoas, no que elas têm de melhor, sempre que tiver oportunidade. Mas seja sincero, e não um bajulador.

*

O simples fato de você se tornar um pensador positivo vai melhorar toda a sua vida. Não brigue mais, não reclame, não julgue, não condene. Seja amável, mesmo com quem o trata mal.

Tudo mudará. Haverá uma grande harmonia em toda a sua vida e em todo o seu ambiente, familiar e de trabalho.

O ser humano é todo condicionado pelos hábitos. Somos seres habituados às coisas. Habitue-se a pensar e agir positivamente, bondosamente, calmamente. Quando você menos esperar, terá se transformado numa pessoa magnética, querida, vitoriosa em todos os sentidos.

Além disso, começarão a acontecer coisas maravilhosas na sua vida. A todo momento, somente coisas boas. Simplesmente porque suas vibrações, a essa altura carregadas de positivismo, estarão ATRAINDO esses acontecimentos maravilhosos.

É a famosa lei de "causa e efeito". Semelhantes atraem os semelhantes. Sua Riqueza Interior estará se manifestando...

*

Basicamente, os Salmos da Riqueza Interior têm a função de torná-lo autoconfiante por excelência, senhor de si, sabedor de que é filho de Deus, espírito perfeito criado à semelhança de Deus, detentor de todas as forças para ser feliz e próspero, rico de coisas materiais e principalmente de pureza mental. Enfim, torná-lo uma pessoa de sucesso em todos os sentidos, cheio de uma profunda PAZ...

A leitura constante, sem falta, dos Salmos da Riqueza Interior – pela manhã, ao levantar, e à noite antes de deitar – fará qualquer pessoa (não importa sexo, idade, estado civil, profissão, cor ou posição social) uma figura humana evoluída, poderosa, autoconfiante, controlada, livre para viver plenamente a vida e deixar os outros viverem.

Repetição, repetição, repetição, dia após dia – e sua vitória é certa, infalível.

"A Verdade vos tornará livres." Confie em si e em seus poderes interiores.

Transforme-se, seja feliz.

*

"A Verdade
vos tornará
livres." Confie
em si e em
seus poderes
interiores.
Transforme-se,
seja feliz.

Instruções importantes para a leitura dos Salmos

Você deve ler os Salmos da Riqueza Interior diariamente, com persistência, em todos os momentos disponíveis – na condução, nos intervalos das refeições, na sala de espera, nas viagens, no sossego de casa, nos momentos de folga etc., sempre que puder.

Quanto mais repetir, melhor – a fim de impregnar a sua consciência com as coisas boas e benéficas e expulsar do pensamento, pouco a pouco, as coisas negativas, impuras e que o impedem de sintonizar-se com Deus e ter sucesso e paz de espírito.

Em pouco tempo, você se transformará nitidamente e, em breve, será uma NOVA pessoa, confiante em si mesma e conhecedora de suas poderosas forças interiores. Terá grande magnetismo pessoal, será vitoriosa e querida por todos.

Mas, mesmo depois de se transformar, nunca deixe de ler estes Salmos (para consolidar sua vitória), pelo menos duas vezes por dia, ao levantar e ao deitar.

O preço da libertação é a eterna vigilância!

É importante ler estes Salmos em todos os momentos disponíveis. Marque a data em que começar, para registrar o seu progresso, a sua evolução pessoal.

Oficialmente, faça (pelo menos) duas leituras diárias: uma ao se levantar, pela manhã, e outra antes de se deitar, à noite. Procure, em seu próprio benefício, não faltar um dia sequer.

Procure estar a sós, sem ser incomodado, sem barulho. Antes da leitura, relaxe numa cadeira ou poltrona e fique uns cinco minutos quieto, de olhos fechados, procurando não pensar em nada. Relaxe os músculos da face, de todo o corpo. Fique calmo, aquiete sua mente. Tendo dificuldade de "não pensar NADA", imagine coisas boas, lugares bonitos e tranquilos, mentalize cenas e palavras de TRANQUILIDADE, BELEZA e PAZ.

Se ocorrer um pensamento intruso e negativo, não se preocupe, isso acontece; apenas mude de novo o pensamento para coisas agradáveis e positivas.

Após os cinco minutos de relaxamento mental, você começa a ler o texto completo dos SALMOS DA RIQUEZA INTERIOR.

Procure não faltar com a leitura um dia sequer; isso vale também para disciplinar a sua mente, coisa muito benéfica para você.

Se você deseja realmente VENCER, evoluir, transformar-se, deve viver e seguir integralmente os ensinamentos destes Salmos. Quando ler "NÃO RECLAMO DE NADA", procurar realmente não reclamar, acostumar-se a não reclamar das pessoas e circunstâncias. Vá melhorando sua personalidade, dia após dia. Quando ler "AGRADEÇO A TUDO E A TODOS", realmente passar a agradecer a tudo, tudo mesmo. Experimente, um dia, agradecer silenciosamente a uma pessoa agressiva, por exemplo. Pense: "Fulano é uma boa pessoa, ele gosta de mim e eu gosto dele, não há nenhuma desarmonia entre nós dois". E por mais maluco que isso possa parecer, você ficará surpreso, porque o incrível acontece: essa pessoa, tida como agressiva com todos, se mostrará amistosa e cordial com você. Ela agirá exatamente como você a mentalizou.

Nunca engane a si mesmo, esteja sempre alerta para agir conforme os ensinamentos que ler nos Salmos. Lembre-se de que o texto está escrito na primeira pessoa do singular: "EU sou assim, EU faço assim, EU confio em mim...".

Muito sucesso, alegria de viver, harmonia em casa e no trabalho – e Paz Profunda para você.

Todas as bençãos de Deus, da Inteligência Infinita do Cosmos e dos mestres invisíveis das hostes celestiais descerão sobre você, inundando de LUZ o seu EU interior, cada vez que ler os SALMOS DA RIQUEZA INTERIOR. Poderosas vibrações positivas irradiarão de você durante todo o dia. Será muito feliz.

O leitor evoluirá tanto mais rapidamente quanto mais repetir a leitura dos SALMOS DA RIQUEZA INTERIOR.

Repetição, repetição, repetição, absorvendo profundamente o sentido das palavras lidas, dia após dia, para impregnar positivamente o subconsciente, o EU verdadeiro. A repetição das boas palavras dos Salmos limpará todo o negativismo longamente acumulado; e o leitor será em pouco tempo uma NOVA pessoa, melhor em todos os sentidos.

Os resultados são maravilhosos, parecem MILAGRES!

Raja Marausha
SALMOS DA RIQUEZA INTERIOR

I

Deus é o Pai.
Eu sou de Deus o filho.
O passado não existe mais.
Acabou, terminaram as ilusões,
terminou a escuridão.
Veio agora a LUZ para mim.
Renasci no Espírito.
Sou uma nova pessoa.
Sou agora rico, feliz,
sadio, dinâmico, alegre e em Paz.
Sou filho de Deus.
Vivo na amizade de Cristo.
O passado já passou,
foi um sonho, ou pesadelo, ilusão.
Minha mente era
negativamente condicionada.

Aquela pessoa era meu
Eu falso, material, sem poderes.
Agora penso em mim mesmo,
livrei-me de dependências
e opiniões, não sou mais escravo
de desejos e emoções.
EU SOU EU! Autêntico EU.
Tenho dentro de mim
todas as soluções.
Dentro de mim
todas as vitórias,
toda a saúde, a alegria,
todo o SUCESSO e a PAZ.

II

Acredito na força
do Pensamento Positivo.
Mas acredito mais ainda
nos resultados da AÇÃO POSITIVA.
Vivo LIVRE, lúcido e em PAZ.
Vivo sóbrio de bebidas,
drogas e remédios inúteis.

Eu sou rico.
Em todos os sentidos.
E tenho uma riqueza
que nunca me poderá ser roubada,
que nunca poderei
gastar toda, que não pode ser
afetada por crises
econômicas, inflações, desempregos
ou preços altos.

Essa riqueza é a minha
ALEGRIA DE VIVER.
Eu sou saudável. E livre.
Nada me acorrenta,
não sou apegado
nem dependente de nada...
Vivo sorrindo e alegre.
Treinei RIR, e agora
gosto de rir de tudo,
até de obstáculos,
reveses e dificuldades.
A alegria e o riso atraem
tudo de bom, até dinheiro.
A raiva e as lágrimas
espantam a boa sorte,
a saúde, os amigos
e a prosperidade.
O mau humor é um veneno.
O Japão é um dos mais desenvolvidos
países do mundo – e lá
todo mundo vive rindo.

Eles fazem piadas
até com coisas sérias.
Brincam com tudo.
Mas atrás do riso do japonês
existem a disciplina,
o trabalho duro,
a honestidade, o respeito
aos pais e aos antepassados.
E o profundo
espírito religioso.

III

Agradeço a tudo e a todos.
Agradeço a todo momento
pelas coisas que já tenho.
Por isso terei sempre muito mais
por que agradecer...
Agradeço a todo momento
a plena manifestação
de Deus em mim, me ajudando,
me protegendo, me iluminando,
dando-me força e saúde,
me proporcionando
PAZ DE ESPÍRITO
em todas as circunstâncias.

PAZ. Porque o espírito
é PAZ PROFUNDA
no meio da tempestade.

O espírito é Deus
e nossa vida é maravilhosa...
Ajudo todos que posso,
ajudo os outros da melhor maneira
que posso, porque sei
que é dando que se recebe,
da mesma maneira
que é amando que se é amado!

Nada me fere nem magoa,
porque todos os meus inimigos
estão dentro de mim mesmo
e são ilusões da mente,
não existem!
Somente o AMOR existe de fato.
E do AMOR vem a união com Deus
e vem a PAZ no coração.
Não importam o mundo agressivo,
as atitudes das pessoas
que ainda vagam nas trevas.

Rezemos para que elas
vejam a LUZ e encontrem DEUS.
Agradeço a tudo e a todos.
Ajudo tudo e todos.
AMO tudo e todos.

IV

Deus é o PAI.
Eu sou FILHO DE DEUS.
Tolero tudo e todos.
Não reclamo de nada nem de ninguém,
mesmo porque
não adianta reclamar...
Não tenho preconceitos,
porque agora estou contente
comigo mesmo.
Os erros dos outros,
ou de outra pessoa,
não são erros meus, por isso
sei perdoar e esquecer.
CADA UM DÁ CONTA DE SI.

Tenho somente bons
pensamentos.
Habituei-me a esperar somente pelo
melhor – porque sei que
o semelhante atrai o semelhante!
Atraio somente coisas ótimas.
TENHO MUITA SORTE.
Eu sou bom, puro e honesto.
Não temo nada, não receio
nada nem ninguém, nem preciso temer
coisa alguma neste mundo.
Eu sou amado pelo PAI,
QUE É A FONTE DIVINA DE TODAS
AS COISAS, e seu amor infinito
me abraça, me envolve e me protege.

Deus é o PAI.
Eu sou de Deus o filho.
Fiz-me ser humano neste
mundo e nesta vida terrena.

Tenho todos os poderes
de Deus Pai e estou sintonizado com
a Inteligência Infinita
em todos os momentos de minha vida.
Estando em sintonia
com a Grande Vida do Universo
eu estou também em sintonia
permanente com os mestres invisíveis
das hostes celestiais.
Os mestres invisíveis
são os santos, os anjos e os
espíritos superiores
que passaram pela Terra.
Sou amigo dos mestres invisíveis
e todos eles são meus amigos.
Os mais sublimes
dos mestres invisíveis
são Jesus Cristo e a Mãe Santíssima
que subiram aos céus
em ascensão e assunção
deslumbrantes.

JESUS CRISTO
é o meu Grande Mestre.
Todas as vezes que leio
estes SALMOS, agradeço
a Deus Pai por esta divina e cósmica
sintonia, pela qual tenho todos
os PODERES.

Tenho o infalível PODER
CÓSMICO DE TODAS
AS GALÁXIAS...
Uso esse Poder
para o meu bem,
para o bem de minha
família, para o bem de todos
e de toda a humanidade.
Somente para o BEM,
porque assim criou
o PAI esse Poder
e assim será realizada
a sua Glória na Terra.

Porque os espíritos inferiores
usarão e abusarão da matéria
para tentar interferir
na sintonia de Deus Pai
com um filho Seu.

Esses espíritos malignos
se disfarçarão em belas tentações,
usarão o abuso do sexo,
a obsessão pelo dinheiro,
a glória, o nome, a posição social.
E satanás se vestirá de bonitas pompas
para jogar o homem iludido e fútil
em vários sofrimentos
e infelicidades, depois de
enganá-lo com as aparências
falsas da sociedade.
Mas o filho de Deus-homem
desperto para a Verdade
desdenhará de satanás
e rirá de suas tentações.

Porque a vitória da matéria
é efêmera e passa logo, a própria
matéria e o corpo não são NADA.

Mas a glória do espírito,
da alma e da mente em Deus
é eterna! E jamais
deixam de brilhar seus fulgores
maravilhosos.

Deus é o Pai.
Eu sou de Deus o filho
Tenho em mim o Espírito Santo
e consigo realizar tudo o que desejo,
visualizo e creio.
EU POSSO! EU CONSIGO!

Eu acredito em MIM,
acima de todas as coisas, não por
egoísmo, mas por autoconfiança!
Confio em mim

e na minha capacidade.
EU POSSO! EU CONSIGO!
Sou capaz de fazer TUDO o que
acredito poder fazer.

Se Deus me dá um sonho,
Ele me dá também a maneira e a força
para realizar o meu sonho.
Eu acredito no sucesso.
Não imagino obstáculos
na minha mente.
Acredito que tudo já deu certo
no Plano ou na Dimensão
Cósmica de Deus.
Falta apenas se manifestar em mim,
na medida da minha Fé
e da minha Ação!

Não acredito em nenhum
outro Deus, senão no meu
DEUS INTERIOR.

Que é o mesmo Deus Pai,
esse Deus Interior que é minha mente,
alma e subconsciente.
E que tem o mesmo Infinito Poder
que criou o mundo, os planetas,
as estrelas, todas as galáxias
e o fantástico Universo Cósmico.
Esse mesmo Poder
Cósmico está em MIM.
Tenho a Religião Interior
e cumpro as palavras
de Cristo, em São Mateus (6:2-6):
"Quando deres esmola, não faças
tocar trombeta diante de ti, como
fazem os hipócritas
nas sinagogas e nas ruas,
para serem glorificados pelos homens.
Mas, quando deres esmola, não
saiba a tua mão esquerda o que faz
a tua direita.
E não reze como beato nos

templos e sinagogas, para seres
visto por todos – mas entra em teu
aposento, tranca a porta
e reza secretamente a Deus Pai,
que assim te atenderá...".

V

Nada me abala ou preocupa.
Como poderia me preocupar
com as passageiras coisas desta vida,
se sou filho de Deus
e dotado de todo o Poder Cósmico?
Tenho PAZ.
Manifesto na minha vida
a Glória de Deus.
As coisas que faço,
e faço tudo muito bem-feito, é Deus
se expressando através de mim!
Conhecerei agora
somente riqueza, saúde e perfeição,
porque assim é Deus.
Meu sucesso, portanto,
é certo e natural...
Não tenho mais aflições.

Sinto-me perdoado pelo passado
e curado de todos os males!
Não adoecerei mais, porque não
aceito que possa adoecer – a doença é
do corpo e da matéria, e eu sou
ESPÍRITO PERFEITO,
imagem de Deus.

Não tenho mais preocupações,
porque confio em mim e no Deus Pai.
Não tenho mais
sentimentos negativos – raivas,
ciúmes, mágoas ou ressentimentos –,
porque são tolas coisas do mundo
e não significam nada
para a eternidade de um filho de Deus.
Agora eu sei que ser FELIZ
não é estar contente
num momento de emoção.
A FELICIDADE
é um estado de espírito duradouro...

Minha vitória é infalível.
E, mesmo sozinho, serei FELIZ...

Não dependo de nada
nem de ninguém para ser feliz.
Não dependo de ninguém
para vencer na vida.
Consigo tudo o que eu quero,
porque sou FILHO DE DEUS,
um ser eterno, espiritual e poderoso.

Estou sintonizado.
Sou UNO com a Inteligência
Infinita. CONFIO, CONFIO EM MIM.
Tenho Fé. Tenho calma.
Tenho PAZ. E a solidão
às vezes é excelente companheira.

Uma pessoa só é feliz
quando está bem consigo mesma.

Tudo está na mente do homem:
seu inferno ou seu PARAÍSO.
Eu estou no Paraíso.
Deus é o PAI.
Eu sou de Deus o filho.

Final

Encontrei, portanto, a chave
do tesouro da vida!

Deus é o Pai.

Eu sou de Deus o filho.

Fiz-me ser humano nesta vida
terrena, mas sou um ser eterno,
espiritual e poderoso.

Este meu corpo me foi emprestado
e tenho que tratar muito bem dele.

Mas não sou eu. Eu sou espírito,
perfeito e maravilhoso.

Eu sou a imagem de Deus.

Gosto de mim, gosto muito!

E assim é.

“Quem busca a força no seu Deus Interior será sempre vitorioso.”

Raja Marausha

Gratidão

Quem dá recebe cada vez mais.
E aquele que é agradecido
a um bem recebido terá uma
avalanche de bens a vida toda.

Demonstre sua gratidão
pelos inúmeros benefícios da leitura
destes Salmos oferecendo aos
amigos, parentes e colegas tantos
exemplares quantos você puder.
Assim, levará a outros o bem
que você também recebeu.